폼나게 살 거야

제19회 풀잎문학상 수상 시집

폼나게 살 거야

황정환 두 번째 시집

그림과책

| 시인의 말 |

한 해가 지나가고 봄꽃들이 만개하여
들녘엔 쑥 향기가 코끝을 간지럽히고
달래 냉이 장에 생김 구워 방금 지은 흰밥에
작년에 담갔던 묵은지 꺼내어 밥상 위에 올려놓고
작년 한 해를 뒤돌아봅니다
일 년 전에 첫 시집 『인생 뭐 별거 없더라』 출간하고
덜 익은 감은 느꼈지만 적지 않은 용기와 희망을 주심에
큰사랑을 등에 업고 다시 2집을 준비하며 또 다른 창작의 고통과 땀이 배어있는 소중한 글이란 걸 알아줬으면 하는 작은 바람을 가져보며 조심스럽게 다가갑니다
세상 사는 이야기 어머니 향한 애잔함 그리움 희로애락을
독자들이 편하게 읽어나갈 수 있도록 써 내려갈까 합니다
제 책을 독자들이 보고 어떤 반응이 나오실지
나름대로 어둠보다는 밝은 모습으로 표현하고자
시제는 『폼나게 살 거야』라 해봤습니다
삶에 있어 행복보다는 힘든 고충들이 많이 생길 텐데
그럴 때마다 씩씩하고 당당하게 풀어나가며 졸지 말고 멋지게 살아가라 해서 2집 『폼나게 살 거야』로 출간하게 되었습니다
부족함을 알기에 늘 초조한 마음으로 기다려집니다
이번 2집을 위해서 노력하신 시사문단 및 그림과책 관계자분에게 노고를 표합니다 고맙고 감사드립니다

황정환 시인 드림

차 례

5 시인의 말

1부

12 계절이 바뀌고
13 내 고향 독배
14 울 엄마가 생각나네요
16 알 수 없는 곳
18 무작정 그곳으로
19 빗소리가 끝나면
20 사는 게 별거 있나
22 그 끝은 어디
24 기억 속에 있던 그녀
26 앵두
28 시산을 되돌려 봅니다
29 서로 큰 아픔 없이
30 서툴고 험난한 밥상
31 활짝 갠 날
32 향수
34 아침을 여는 소리
36 그대 이름은 누구 엄마
38 천상으로 가는 세상
40 라벤더꽃
41 고인 물속의 풍경화
42 유리 속에 갇힌 마네킹
44 소중한 사람

2부

46 아이고야 좋다
47 말꼬리
48 글쎄요
49 영화가 끝나고
50 고기 굽는 날
52 나팔꽃
53 소싯적 연애
54 씨알 좋은 수박
55 시공간
56 쓰레기 천국
57 이젠 터놓고 이야기합시다
58 무미건조한 하루
59 작금의 세월
60 지울 수 없는 사람
61 山中 일상
62 내가 알던 그녀
64 떠나버린 너
66 한 남자
68 사우나
70 끊지 못할 너이기에
72 진실 공방

3부

74 시집 한 권
75 나란 놈
76 가을이 오는가요
78 노인
79 덧니가 예쁜 그녀
80 물고기의 꿈
81 삶과 죽음
82 채워지지 않는 술잔
83 물 싸대기
84 내 고향
85 열차에 몸을 싣고
86 가을이구나
88 딸 바보
90 꿈속에서 만난 사람
91 친구야 보고 싶다
92 아들아
93 마지막 잎새 사이로
96 이웃사촌
94 살아야 하기에
97 아파요
98 그대여
100 또 다른 자식들

4부

102 늙는다는 것
104 덧없는 세월
105 망 개떡
106 질긴 인연
107 간섭
108 가을 편지
109 가을 흔적
110 낙엽이 지겠지
112 사랑에 빠졌나 봐요
113 네가 있으매
114 못다 한 꿈
115 달콤한 휴가
116 사람이란
118 보고 싶다
119 폼나게 살 거야
120 그 시절
121 생각나는 사람
122 갯마을 사람들
124 겨울비는 내리고

126 해설

1부

계절이 바뀌고

하얀 백지에 써 내려간 글씨
썼다가 지워버린 이름
한 자 한 자 써 내려간 시어들이
끝내는 맘에 안 들어 습자지 모퉁이에
뭉쳐져 있다

머릿속에 갇힌 단어들이
뇌파 속에 주파수가 돌고 돌아
아련한 기억들을 소환하고
겨울이란 계절에 순응하고
소복이 내리는 눈송이 속으로 빠져든다

몇 자 써 내려간 습자지
다시 또 써 내려간다
나의 이야기는 지금부터다

내 고향 독배

젓갈 냄새 가득 나고
길가에 드럼통 널려 있고
어른들 새우젓 지게에 지고
상하차에 열중이고

동네 어른들 담벼락에
엽전 던지면서 돈 따먹고
동네잔치에 집돼지 잡아먹고
동네 아낙네 국수 말아서 나눠 먹고

양조장 막걸리에
노랫가락에 삼삼오오
막춤 파티에 웃음 가득

바닷가엔
고깃배들이 정착해 있고
광천 독배 명성에 맞게
뱃고동 소리 멋지게 날리면서
왔다 갔다 했었는데
지금은 그때 그 모습 어데 가고
새우젓 간판들만 수두룩

울 엄마가 생각나네요

울 마누라
비 오는데 육전하고
갈치 구워서 먹자 하네요
불판에 올려놓은 생선 보니

울 엄마가
생각나네요

몸통은 자식들 주고
머리하고 꼬리가
맛있다며 잡수시던 어머니

맨밥에 물 말아 드시고
가족들이 먹고 난 뒤
아깝다며 잡수시던 어머니

벌써
세월이 흘러
큰딸이 육순을 바라봅니다
좋은데도 많이 가고
맛있는 것도 먹으러 가야 할 텐데

언제부턴가
힘이 없다 어지럽다
너희들끼리 놀아라
하신 말씀에 눈물이 핑 돕니다

우리에겐 아직도
호통치고 혼내면서
따뜻한 온기로 안아주시던
보살핌이 기억납니다

알 수 없는 곳

잠을 자고 싶은데
잠이 안 와요

눈을 감으면
내일이 안 올까 봐

오늘따라
잠자기 싫은 건
왜일까요

우리는
하루에 한 번씩

매일매일
알 수 없는 세계로
들어가지만

우리는 그것을
숙명처럼 여깁니다

오늘도

우리는 비슷한 시간에
누워서 눈을 감습니다

내가 가는 그곳은
어디인가요

무작정 그곳으로

창공을 날며
날갯짓하는 커다란 새
나풀나풀 날아서
작은 섬에 도착한다

답답한 도시를 떠나서
바다를 건너
구름을 타고 내려온 세상

해안도로 따라
펼쳐지는 또 다른 바닷가
거대한 파도가
눈 앞에 펼쳐진다

넓은 초원에
뛰어노는 조랑말의 향연에
손뼉 치며 좋아한다

어느새 나도 모르게
활짝 웃는 모습으로
그곳에 내가 서 있다

빗소리가 끝나면
−비로소 음악은

후드득
밤비가 밤새 내리고
토 톡톡
유리창에 튕겨 나오는 소리

소파에 누워
바람 소리 빗물 소리
모든 소리가 합체되어
거대한 소야곡이 완성되고

어둠 슬픔 행복
낮과 밤의 구분 없이
비와의 공연은 계속되고

공연의 의미
누구와의 협연 따위는 개의치 않다

중요한 건
내 귀에 그 음악은 계속 진행되고
이 빗소리가 끝날 때
비로소 음악은 꺼진다

사는 게 별거 있나

가는 길이
험한 길이기에
가지 않으려 했는데

상처 주고
슬픔 주고
아픔 주고

이렇게 아픈 사랑은 안 할래

사는 게
별거 있나,
그럭저럭 사는 거지

아련하게
떠오르는
그것조차 좋은데

그냥저냥
더불어 사는 것

이젠
괜찮을 것 같아

가슴속에
박혀있는 순정이
남아있으니

그 끝은 어디

구름이
뭉게뭉게 떠 있고
망망대해 바닷길을
노를 저어 가고

머물 곳이
따로 없어도
흘러 흘러가고

넘실넘실
세찬 파도에
돛단배는 요동치고

여기저기 모인
갈매기들이 떼지어
우릴 반겨주고

멀어진
지난 세월

아쉬움으로 얼룩진

속앓이는 접어두고

바닷물에
心身을 깨끗하게
정화시켜서

힘차게
수평선을 향해
노를 저어서 가고

그 끝은
어디일까

기억 속에 있던 그녀

오랜 기억 속에
남아 있던 그녀가
우연히 만나
서로 알아보고

바라만 보아도
사랑스럽고 예뻐서
눈 둘 곳이 없구나

그녀를 만나
이런저런 이야기
이 핑계 저 핑계
다 들어봐도

잡다한 말만
늘어놓지만
그냥 내 눈엔 지금도
모든 게 다 좋은데

그 옛날
그 시절은 없어도

곱게 늙은 그녀가
예뻐 뵈고 좋은 것은

그때 그 모습이
보이기 때문 아닐까

앵두

앵두 같은 입술로
앵두 사러 오세요
앵두

막내의 손놀림
친정엄마의 다듬질

앵두 사러 오세요
막내 목소리가
장난기가 가득하고

빨간빛의 앵두가
실하구나
그놈 술 담아도 되겠고
앵두 잼 해도 되겠고
어떻게 해 먹을지
고민

엄마는
막내딸하고
같이 못 내려온

막냇사위가
못내 걸리는가 보다

그래도
흥에 겨운
막내딸 모습 보며
함박웃음

늦게 오면 못 사요
떨이
앵두 사러 오세요 앵두
막내딸 모습 보며
보는 이도 웃음꽃 핀다

시간을 되돌려 봅니다

강냉이에 뻥튀기
솜사탕에 달고나
사탕은 눈깔사탕
과자로는 라면땅 쫀드기

말타기 비석치기
사방놀이 고무줄놀이
술래잡기 구슬치기 딱지치기
자치기 팽이치기 땅따먹기

보리밥에 고추장
산나물에 짭조름한 젓갈
연탄불에 구운 생선
솥단지에 올려 주는 삼겹살

시간은 거꾸로 돌아
그 자리에 서 있는 것 같아
나도 모르게 동심으로 돌아가
마냥 좋다고 합니다

서로 큰 아픔 없이

이별은 시간을 멈추게 하고
버려도 되는 아픈 추억도
그중에 하나가 되어
사랑하고 헤어지고

넌 나를
가슴속에 품은 채로
보드라운 손길로 어루만지며
버려도 되는 수많은 기억을
하나하나 들려주었지

하늘에서 본 수많은 사람
그중에 하나가 되어서
좋아하고 사랑한 것이

서로 큰 아픔 없이
다시 사랑할 수만 있다면

서툴고 험난한 밥상

식전 댓바람부터
잘못이었나 봅니다

힘들어하지 마요
이미 시작했으니까요

아무 말도 하지 말고
그냥 있어 주세요

내가 좋아 시작한 건데
이렇게 반응이 올 줄은

서툰 내가 바보였나 봅니다

그래도 차려준 밥상인데
한술 떠먹어보소

태어나줘서 고맙소

활짝 갠 날

길가에
풀벌레 소리
아지랑이가
꼬물꼬물 피어오르고

태풍도 불고
폭우도 오고
힘들던 날이 지나가니

뽀얗게
햇살이 떠오르고

언덕 밑에
여기저기 흩어진
개망초꽃이 활짝 웃고

답답하고
움츠렸던 마음이
개운하고 녹록해집니다

향수鄕愁

사방팔방 산과 바다 그 앞에 그림 같은 집
산에 가면 산나물과 싱그런 햇살
바다에 가면 바지락에 꼬막 출렁이는 파도

배 타고 들어가면 어장에 그물 던지고
꼬챙이에 하나하나 들어 올리는 건
쌈짓돈이 아닌 생활비가 되고 재산이 되는
어부의 돈벌이가 된다

바다의 로맨스 시골의 로맨스가
일 년이 되고 수년이란 세월이 지나면서
평소 가지고 있던 도시에서의 향수병鄕愁病
뿌리는 향수香水는 향기라도 나건만
퀴퀴한 냄새와 엉킨 땀 내음에 적응하고
노를 저어 본다

매일 똑같은 시간에 무미건조한 생활들
나락에 빠져버리고 힘든 적도 있었지만
산에 가면 천지가 내 것이고
바다에 가면 수평선 위에 모터 돌아가고
지천명 넘어서 이런 행복한 놈 있을까

그래도 여기 있는 가장 큰 이유는
검정 장화에 수건 둘러메고 활짝 웃어주는
든든한 지원군 때문이 아닐는지

아침을 여는 소리

수탉이 목을 내밀고
실컷 울어 젖히고

건너편 외양간
소들이 음메

텃밭에서
밭을 매는 모친과 누님
토닥토닥 치고받는 소리

멀리 산사에서 들려오는
야호 소리

메아리로
들려오는 울림소리

아침 햇살이
부끄러운지 구름 속에 숨어
나올까 말까 주춤거리고

그제야

하늘로 솟구친 굴뚝에서
연기가 스멀스멀 피어오른다

그대 이름은 누구 엄마

힘겨운 짐을 어깨에 지고
달려온 여인이여

보잘것없는 나에게
삼시 세끼 챙겨주고
지기 이름을 모르고
누구 엄마로 살아온 세월

자식들 뒷바라지에
있는 것 없는 것 다 내어주고

언제나 미소로서
고생했다 감사하다던
당신에게 해줄 것이 없네요

요새 들어
모든 걸 힘들어하는 걸 보니
당신도 이제 늙어가는가 보오

오늘은
고속도로를 타고 시원하게

바닷가로 드라이브 갑시다

바닷가에 가서
광어회에 소주 한잔하고
지나온 세월 이야기 실컷 하면서
긴긴밤 세웁시다

천상으로 가는 세상

모진 고초 다 겪어내고
이젠 편하고자 했는데

하늘은 그것을
놓아주지 않네요

떨어지는 빗소리마저
구슬프게 들립니다

그이는
가녀린 어깨를 들썩이며
쉼 없이 흐느낍니다

이 노릇을 어찌할까요
떠나간 사람은 떠나갔지만
남아 있는 사람 어찌할까요

피맺힌 절규와 통곡도
답해주지 않네요

내리는 빗방울이

눈물방울이 되어
천국으로 가는 세상
원 없이 적셔 줍니다

라벤더꽃

보라색 꽃으로
화려하고 진한 향기로

6월의 선봉으로
자태를 뽐내고

꽃이란 핑계로
사람들에게 보여주고

자라면서 제일 화려할 때
화장품으로 대신하여
바르는 크림으로 재탄생하고

너의 라벤더 향기로
모든 사람에게
향긋한 풀 냄새 천연의 향수로
뿌려준다

라벤더여
그대는 진정한 6월의 여왕

고인 물속의 풍경화

빗방울이 떨어지면서
큰 그림을 그리면서
썼다 지우고를 반복하고

고인 물속의 풍경화가
거대한 크기로 완성되어가고

밑그림 할 새도 없이
작품이 태어나고

거대한 빗줄기 속 화폭에
하나하나 채워준다

유리 속에 갇힌 마네킹

사방이 유리 벽
온통 유리로 채우고

난 그 속에
사람이 아닌 마네킹이 되어

아침에 눈을 떠보니
유리 속에 햇살이 떠 있고

난 그 속에 앉아

둥둥 떠 있는
내 몰골이 가관이구나

높이 쏘아 올린 건물
그 속에 아둔한 욕심 부려

온통 첨단장치
로봇처럼 이래라저래라
하고 있으니

어지럼증에 현기증
메스꺼움이 올라온다

이런 곳
어떻게 살아가야 할지

순간
조명이 바뀌고
음악이 흐르고 멘트가 나온다

뭐야
이건 도대체
뭐 하자는 거니

소중한 사람

힘들다
말하지 않고

건강하다
전해주세요

행복하다
말하고 싶어요

그냥 모든 게
괜찮다 보여주고 싶어요

그 사람은
나에겐 소중하고
귀한 여인이니까

2부

아이고야 좋다

신나고 즐겁다
사람과 부딪히며 인사하고
반갑다 악수하고

하는 일 모두 좋아
그냥 좋아

오늘은 좋은 날
행복의 바이러스가 팡팡

이거 해도 좋고
저거 해도 좋아라

오늘
내 몸속의 날씨는
화창한 엔도르핀

말꼬리

말로서 말로만
해결하지 말고

사과하고
묻고 따지고

만나서
잘잘못 인정하고

쓸데없이
변명만 늘어놓지 말고

말꼬리 잡지 말고
빠른 사과 화해가
큰 사고 막는다

무심코 던진
당신의 말의 무게에
여러 사람 잡는다

글쎄요

보이는 게 다가 아니고요
하찮은 저이기에 느껴봅니다

존재감은 제로이고
얼어붙은 껍딱지처럼
수십 년 한자리에 붙어 있건만

누군가에게
나란 존재가 있기나 하는지
마누라조차 없는 놈 취급하니

세상은 돌고 돌아
이젠 기력이 떨어지니
몸과 마음도 지쳐가네요

글쎄요
그게 다가 아니겠지요
그러면 남아있는 세월이 재미없을 테니

영화가 끝나고

가슴 저편에서
잔잔한 감동이 몰려옵니다

덤덤하고 행복한 이야기가
촉촉하게 젖어 드는 감정 속으로
파고들어 오고

커다란 스크린 샷
내가 좋아하는 배우
미친 연기력에

오늘 하루가
새롭게 다가옵니다

오늘 밤 그냥
잠이 안 올 거 같아요

당신이 있기에
난 행복합니다

고기 굽는 날

불판에
빨간 속살
엷은 인디언 핑크빛

불꽃이
꺼질 듯 장작 지피고
고기를 얹어놓고

지글지글
앞뒤 바꿔가며
고기 굽는 냄새

어느샌가
우리 집 강아지
예삐 꽁이 두 놈

코를 씰룩거리며
그 앞에 쭈그리고
입을 날름

한 점 두 점

익을 때마다
노르스름하게
익어가고

잘 익은
고기 한 점 들고 보니

목구멍으로
침샘이 터져
입이 저절로 벌어진다

나팔꽃

아침에 피어나고
저녁에 지고

담벼락 틈새 속에
삐죽거리던 파랑이들
모진 비바람에 잘도 참았구나

아침엔 아침의 영광
저녁엔 허무한 사랑 덧없는 사랑

너에게 붙여진 꽃말들이
하루에 반은 행복
나머지 반은 헤어짐이기에
너의 심장은 쓰리고 아리고 아프고

어느샌가
햇살이 떠오르고
활짝 웃는 너의 모습이
그림 같은 모습으로 다가올 때,
나도 모르게 피식

소싯적 연애

담벼락에 기대어
두근두근 세 근 만 근

자갈돌 던지고
휘파람 불며 신호 보내

방 문소리 들리고
애가 타

계속된 노력
드디어 긴 머리에 그 소녀
환한 모습으로 다가오고

안절부절
어찌할 줄 모르는 나에게
환하게 웃으며
반갑다. 친구야-

그 소리에 나도 모르게
애꿎은 땅바닥만 툭툭 차며
얼굴이 빨개졌다

씨알 좋은 수박

개복숭아 한입에
신맛에 덜 익었네

잘 익은 자두
한입 잘근 새콤달콤

저녁엔 수박화채
빙수 가득 넣고 시원하게

과즙이 뚝뚝
달콤새콤 내 먹거리
입안을 풍족하게 해주고

여름에 먹는
과일 맛이 최고

그중에서도
최고는 빨갛게 익은
씨알 좋은 수박

시공간視空間

독한 술에 취해
하늘에 떠 있는 수많은 영혼의
별들을 쳐다보고

빠르게 이동하는 영혼의 빛
수없이 켜지고 꺼지고 반복하고
그 속에서 쉼 없이
시공간 놀이는 끝나질 않는다

노르스름하게 떠 있는
둥근 달이 세상을 비춰줄 때
같은 공간 같은 세계에 살 건만
여기는 밤이고 거기는 새벽이란 말인가

세상을 바라보는 눈빛
밤하늘의 별들 전쟁
눈으로 보는 세상
참으로 아름답다

쓰레기 천국

산과 바닷길
아름다워야 할 이 길이
온통 쓰레기 지옥에
상처 입은 산천초목

피서철 무심코 던진
쓰레기 하나가
해수욕을 즐기고

비닐 플라스틱
넘쳐나는 잔재물
누가 책임 질소냐

수출 막혀
지역 전체가 난리인데
소각장 님비 현상
내 지역은 안 돼 하면서

이대로 가다간
끝이 안 보인다면
어떻게 되는지

이젠 터놓고 이야기합시다

당신 잠든 얼굴 보고 있노라니
지나간 세월이 보이는구려
잘된 건 안 보이고 힘든 것만 보이는 건
당신 주름 탓인가 보오
그 곱던 얼굴이 이렇게 변했구려

중천을 넘긴 나이 잠든 당신 모습에
나도 모르게 눈물이 핑 돕니다,
검정 머리가 하얗게 변하고 삶에 찌들어
전신이 삐걱거려 아리고 쓰려 매일 밤
파스 냄새가 진동하는구려

염색조차 싫어하고
나이 탓이 아니고 세월 탓이라 하겠지요
흐르는 세월은 막을 수 없어도
나이는 숫자에 불과하니
불안해하지 말고 즐깁시다
아프면 아프다 하고 슬프면 슬프다 하고
외로우면 외롭다 답답하면 답답하다 하고
이젠 터놓고 이야기합시다
남아있는 인생 힘들지 않게

무미건조한 하루

무지無知한 사람
조그마한 일에도 상처 입고
덧없는 인생살이에
주름이 피부에 머물고.

촉촉하게 젖어 드는 땀 내음
한산모시 속에 잔향殘香이 남아
무더위에 미각상실 애꿎은 생수만 벌컥

처자식 뒷바라지에
입맛 미각 딸기 맛에 역주행
텁텁하고 미지근한 막걸리 한잔
잘 익은 짠지 한 조각에 입술 적시고

술에 물 탄 듯 물에 술 탄 듯
그렇게 목구멍으로 술술 들어가고
오늘 하루를 탁주 놀이로
그렇게 마감한다

작금의 세월

스치고 지나가면
잊힐 것들이 너무나도 많지만
무언가 말하면 귓등으로 듣고
무시하고 헐뜯고 시기하고 조롱하는
학벌과 난잡한 지식인

어두운 터널 지나 한고비
죽다 살다 힘든 고비 넘기며
살 만하다 하면 몸뚱이 망가져
기계 연명하며 사는 자 보았는가
있는 재산 모두 병치레해야 하는 세상
비켜 간 세월이 아쉬워

늦게라도 학문 익혀 시 한 줄 적는
나 같은 놈도 살고 있건만
남는 게 시간이라더니
남의 탓하며 살아가는 인생
작금의 세월이 아깝기만 하다

지울 수 없는 사람

떠나버린 그대가
사무치게 그리울 때면
입술을 깨문다오
혹여나 입에서 그 이름 불릴까 봐

떠나버린 그대가
보고 싶을 때면
함께 가던 식당을 가본다오
맛은 못 느끼겠지만
행복했던 순간을 기억해봅니다

떠나버린 그대가
궁금하다면
핸드폰 속에 그녀와 이야기합니다
거기에서 잘 있는 거지
나는 너를 쉽게 지울 수 없어
잊히면 하나하나 지울게, 라고

山中 일상
-시인이 되어

모두가 잠든 이 밤
신록이 짙은 숲속의 풍경
쭉쭉 뻗어있는 고목
실컷 울어대는 매미의 절규

주위의 운치 있는 밤
가지런히 놓여있는 오래된 장롱
널브러진 서리태콩 메주 띄우고
짙은 청국장 향이 가득하고
파르르 떨리듯 살아있는 촛불만이
이리 살랑 저리 살랑 살아있다

촛농이 흐르는 촛대
영롱한 불빛이 자태를 드러내고
촛불 하나로 방안의 온기가 가득 차다
난 가지고 간 백석의 시 한 편을 읽어본다

내가 알던 그녀

기억 속에서
멀어진 그녀가
KTX 역 플랫폼에서
진귀한 모습으로
아름답게 나타나고

아름다운 꽃도
마음 가기 나름
힘들면 예쁜 것도 못 보지만
자기 하기 나름이라고
너무나 예쁜 모습으로
요염하게 나타났다

그 순간 숨이 멈추고
입이 바짝 마르고
연이어 감탄이 절로 나오고

기억 속의 그녀가
나에게 다가와
살며시 팔짱을 끼며
오빠 저예요

나도 모르게
깜짝 놀라 쳐다본다
기억 속의 그녀는
평소에 내가 알던
사람 중 한 사람이다

떠나버린 너

바라만 보아도
좋았고
옷깃만 스쳐도 좋아
마냥 즐거웠는데

가슴속에 아껴둔 말
꼭꼭 숨겨놓은 채
떠나버린 너

책장정리 하다
네가 건넨 쪽지를
이제 발견했어,

하나하나 써 내려간
너의 진실이
이제서야 알게 되었고

너를 잊고 지내던
지난 세월
너와의 추억들이
새록새록 떠오르고

보고 싶은 마음에
널 찾을 것 같아
왠지 겁이 난다

한 남자

고독한 한 남자가
허름한 벤치에 앉아 멍하게
애증 어린 눈빛으로
하늘을 바라봅니다

한참을 앉아있다
손가락으로 뭐라 쓰고
천천히 일어나 걸어갑니다

나는 뒤따라가
땅에 쓴 글귀를 읽어봅니다
"보고 싶다"란 두 글자였습니다

막다른 골목길에서
그는 당황한 듯
철퍼덕 앉아버립니다

무슨 걱정이 그리 많은지
상념에 찬 모습으로
다시 땅에다 써 내려갑니다
"너의 눈빛이 그리워"라고

그리곤 담배 한 개 꺼내어
길게 내뿜으며
오랜 시간 거기에 있다
떠나갑니다

사우나

침대에 누워서 천장을 보니
은은한 조명이 서리에 끼어
흐릿하게 아른거린다

세신사의 손짓에 따라
내 몸은 이리 엎어지고 저리 젖히고
부드럽고 거친 손길에 내 몸을 맡기고

툭 툭 치며 다 됐어요 에
기다란 샤워기에 비눗방울 씻고

약돌 진흙 한증막에 장신구 제쳐놓고
벌거벗은 사내들의 인내심 겨루기가 시작된다.

온탕 냉탕 왔다 갔다
어르신들 시원타에 세월의 흐름을 느끼고
겨누기 힘든 몸가짐에 눈물이 나온다

자식들은
이런 힘든 고충을 알고나 있는지

나의 하루는
지친 몸을 사우나로부터 깨끗이 정화되어
시작되어 간다

끊지 못할 너이기에

지친 하루 끝마치고
터벅터벅 걸어오다가

길가에 초라한
의자에 앉아

주머니 속에
감춰진 담배 한 개비
꺼내 물고 길게 내뿜는다

담배 연기 속에
긴 한숨까지 섞어서
품어 버린다

허공에 뿌려진 연기가
빙글빙글 돌면서
내 헛기침과 함께 사라진다

살아온 긴 여정
너와의 인연들을
끊을 수 없는 너였기에

긴 시간을 너와 같이
지낼 수밖에 없었구나

이젠 아쉽지만
보내야 하는데
선뜻 보낼 수가 없구나

나의 희로애락을 같이하고
나의 모든 걸 공감하고
느끼고 이해해준 너였기에

진실 공방

어느 입에서 나왔는지
어디서부터 진실인지 거짓인지
구분 안 되는 헛된 날조된 말

모처럼 모인 식구들
하하 호호 재미 느낄 분위기이건만
호랑 말코 같은 한 놈 때문에

집안 분위기 잡쳐 놓고
차려놓은 밥상만 호젓이 있구나

나의 진실 공방에 밤을 설치고
노닥거리는 잔소리에 치를 떨고

짙은 여운을 남기고
하루가 지나간다

3부

시집 한 권

난 울지 않는다
눈물이 날 때면 그냥 돌아서서 쓱
모르는 척 그냥 그렇게 넘어간다

뭘 사도 가격은 중요하지 않아
울 마누라 좋아하면 가격은 필요치 않아
좋아하면 사 줘야지

나에게 중요한 건 삶의 행복
가진 건 필요치 않아 쓸 만큼 있으면 되지
죽을 때 가져가는 것도 아닌데

마지막으로 세상을 등질 때
내가 쓴 시집 한 권 들고
웃으면서 눈을 감는다면

그거야말로 멋진 인생 아니겠나?

나란 놈

걸어 다닐 때 힐끔거리고
차 타고 다닐 때 딴생각 하고

웃을 때 피식거리고
딴죽 걸면 맞장구치고

힘들면 힘들다 말 못 하고
잘한 건 혼자서 킥킥대고

누가 힘들다 하면 다 내주고
아프다 하면 병간호까지 해주고

도대체 나란 놈은
통제가 왜 안 되는지

오늘도 마누라
어이구 속 탄 다 속 타

가을이 오는가요

살랑살랑 바람이 부네요
시원한 바람이 옷깃을 스칩니다
이제 가을이 오는가 봅니다

엿가래처럼 꼬인 매듭이
왜 이렇게 안 풀리는지
쉽게 풀리지 않는 매듭 때문에
가을이 크게 달갑지 않네요

수수께끼 같은 의문이
한둘이 아니기에
매일매일 긴장된 모습으로
티브이 앞에 지내고

풀리지 않는 의심과 추측은 계속되고
꼬인 매듭은 쉽게 풀릴 조짐은 없고
언제 끝나서 조용한 세상 오려나

하늘도 노했는지
온 천지에 물 폭탄을 퍼부으니
정신 차릴 놈 정신 들게 하면 될걸

애꿎은 민심마저 힘들게 하시는지

억수처럼
내리는 빗줄기에
모든 것이 다 씻겨
내려갔으면 해봅니다

노인 老人

힘들면 힘들다 하고
아프면 아프다 하고

보고 싶으면
보고 싶다 하고

슬프면 슬프다 하고
자식 눈치 보지 마소

노인의 등 굽음이
눈치 볼일이요

세월의 끝자락은
때려잡아도 가는 것
데면데면할 수 없는가요

이젠 가는 세월 붙잡지 말고
오는 세월 누려봅시다

덧니가 예쁜 그녀
-회상回想

젖먹이 때 난 유치
못생겼다 하던 덧니

유치 곁에 포개어 난 송곳니
삐뚤빼뚤 한 못난 이

송곳니 사랑니도 있다만
살짝 웃을 때 보이는 덧니

입가에 살짝 보이는
하얀 덧니가 매력적인 그녀

수줍은 듯 힐끔힐끔
긴 머리 찰랑거리며 다가와
웃어주던 소녀

지금쯤 무얼 하고 있는지

물고기의 꿈

화려한 에메랄드 불빛
반짝이는 불빛에 온갖 조명들이
화려함에 끝을 보이고

광안대교 야경 불빛이
푸른 바다에 반사되어
물 위로 떠오르는 작은 물고기들

오가는 사람들에 이목을 집중시켜
한순간에 물고기 퍼포먼스가 연출 된다

가려진 모습으로 살았던 게 서운해서인가
더욱더 물 위로 치고 올라온다

물고기는 신나서 춤을 춘다
덩실덩실 더덩실

오늘만큼은 주인공이 되어
하늘 위로 훨훨 날고 싶다며
더욱더 솟구친다

삶과 죽음

배운 자 못 배운 자
있는 놈 없는 놈
모든 인간은 어떻게 살았든
누구나 다 죽는다

얽히고설킨 인생살이에
부대키며 살아도 결국은
스스로 해탈하여 열반까지
떠날 때 혼자 죽는다

사바세계에서
애지중지 아끼고 아낀
재물 탐한들 소용없다
죽을 때는 빈손으로 가는 걸

살아있음에 맘껏 즐겨라
우리네 인생 새옹지마
죽음에는 순서가 없는걸

채워지지 않는 술잔

무엇이 그대를
외롭고 힘들게 하나요

눈물마저
채워지지 않는
술잔에

눈물 담고
슬픔 담아
채워보지만

이 밤이 끝나도록
술잔 속에 향기만 있을 뿐
빈 술잔만 덩그러니

남아있는 술
술잔 속에 꾹 채워
흐르는 눈물마저 다 마셔버린다

물 싸대기

우라지게 비가 내리고
찰싹찰싹 물 싸대기에
한마디 대꾸도 없이 처맞고 다닌다

아프고 쓰라림은 있어도
미처 준비 못 한 서글픔에
내리는 빗방울을 먹어 버린다

떨어지는 빗줄기가 툭툭 치며
온갖 식물들의 신경을 자극하고
길고양이들의 서글픈 곡소리가
마음을 짠하게 한다

행인들
물 싸대기가 무서워 비상구에 모여
소나기 지나가길 기다림에
언제 그칠지 모르는 빗줄기에
발만 동동거린다

내 고향

논두렁 길 염소 매고
들녘엔 누렁소 엮어 매고
바다엔 망둥이 낚시에
갯벌에 호미와 구럭을 들고
황 발 이 농게 주꾸미 낙지 바지락 잡고

바다 끝 쪽 고즈넉한 염전
이쪽저쪽 왔다 갔다 나이 지긋한 노부부
무거운 소금 들었다 놨다
새하얀 소금 빛이 황금보다 귀하게 보인다

갓 쪽에 자리 잡은 조그만 섬
울퉁불퉁한 바위에
이곳저곳 박혀있는 굴 껍데기
쇠꼬챙이로 탁탁 때려
신선한 굴 입속에 툭 넣으니
짭조름한 바다 맛이 오묘하게
입속을 황홀하게 만든다

열차에 몸을 싣고

어스름한 새벽길을 달리고
차창 밖으로 내리는 빗방울이
창문을 노크한다

희끗희끗 보이는 산등성
짙은 먹구름에 가리고
듬성듬성 보이는 단풍들이
설익은 사과가 농익은 설 배로
둔갑해 가고 있는 것처럼 변해간다

레일 위를 씽씽 달리는 ktx 열차
흔들림 없이 달리는 고속 열차
열차 안 풍경은 고요한 절간이다
간혹 역무원의 도착 알림뿐
그 소리마저 염불로 들린다

푸른 산등성이를 수도 없이 넘고 넘어
고속 열차는 목적지를 향해 있는 힘을 다해
콧방귀 소리 크게 내며 끝없이 달려간다

가을이구나

어린아이
손가락으로
똑똑 부러지는 나뭇가지

떨어지는
이파리 사이로
거미줄 치던 왕거미

지나가는
까치 주둥이에 엉켜서
멀리멀리 떠나간다

그들도
흘러가는 세월이
쓸쓸함을 느끼는 건 아닌지

오늘따라
그 모습이
가슴속에 파고든다

가을이구나

매년 오는 가을이 건만

다가올 날들이
기대와 희망을 품고
맞이하지만

모든 것들이
지구 속에 존재하고
귀한 것이건만

흘러가는 세월은
어찌 그리도 빨리 지나가는지
수염 기를 날도 없구나

딸 바보

항상 곁에서
바라보고 이야기하고
늘 힘이 되고 위로가 되는 딸

오늘 밤이 지나면
사랑하는 네 짝을 찾아
내 품에서 떠나겠지

시집 안 가고
아빠하고 산다던 네가
제 짝을 찾아간다니
처음엔 당황해서 횡설수설
섭섭함에 감출 수가 없었단다

사랑하는 딸아
너의 성장하는 모습들이
너무나도 착하고 예뻐서
앨범에서 눈을 떼지 못하고 있단다
네가 있어서 아빤 힘이 났단다

사랑하는 내 딸

너의 자는 모습 보니
흐르는 눈물을 들킬까 봐
자리에서 일어나서

밤새 너를 생각하며
실컷 울어 버렸구나

사랑하고 이쁜 내 딸아

꿈속에서 만난 사람

꿈속에서 만난 사람
일어나 보니 허구일세

선명하게 느껴지는
꿈속에서의 나의 행동

느껴보지 못한 사랑
따뜻한 말 한마디
그래 수고했다

차례상 위에 펼친 밥상 속에
꿈속에서 만난 아버지의 얼굴이

영정사진 속에 흐뭇한 모습으로
자식들의 절을 받고 있다

손주며느리의 술잔 속으로
사랑이 뚝뚝 떨어진다

친구야 보고 싶다

연거푸 기침 소리에 각혈하는 너
입술에 빨갛게 맺힌 혈흔 자국
피 묻은 혈흔을 손수건에 묻히고

시꺼먼 얼굴로
씩 웃어주던 너의 모습
힘겹게 괜찮다 견딜 만하다던 너

저승 문턱에서 아쉬움에
문자로 날라 온 부고장

눈물 훔치며
손 흔들던 너의 모습
오늘따라 친구가 무척
보고 싶구나

아들아

하나가 아닌 둘
둥지를 틀었네

내 것 네 거 없이
하나가 되었네

좋은 감정 하나로
백년해로 언약하고
신혼의 새 출발을
알콩달콩 꿈꾸네

슬프걸랑 눈물 삼키고
기쁘걸랑 함께 나누고

좋은 감정 놓지 말고
꽉 움켜잡고

아들아
검은 머리가 파뿌리가 되도록
알콩달콩 재미나게 아껴주며
잘 살아라

마지막 잎새 사이로

떨어지는 낙엽 사이로
가지 끝을 잡고 못내 아쉬운 듯
떨어질 듯 말 듯 버티는 중

잎사귀에 엉킨 가시 끝이
콕콕 찔려 살점이 달아나고 찢겨도
붙잡고 싶은 마음이 간절하기에

짧은 계절의 봄을 지나 여름이 가고
파랑이가 시들어 마른 녹색이 되어

힘없이 떨어져 이리 뒹굴 저리 뒹굴
길가 한 귀퉁이에서 썩어가고

그래도 세월을 잡으려
있는 힘껏 용을 써보지만

흐르는 세월 앞에
장사가 없구나

살아야 하기에

가파른 길을 걷다 보니
숨이 턱까지 차오릅니다
이 길을 매일 오르고 내리고 해야 합니다

아이들 양식이 걱정되고
마누라 산통이 걱정되어

짐 자전거에
과자 상자 산더미처럼 올려놓고
긴 언덕길을 밀며 올라갑니다

눈 온 날은 미끄럼에 넘어지고
비 온 날은 상자가 젖어 반품되기 일상입니다

그래도 올라가야 합니다
아이들 밥 안 굶기려면
아이들 얼굴이 눈에 선해
힘껏 페달을 밟아봅니다

오늘이 될지 내일이 될지
그건 궁금하지 않답니다

중요한 건 호주머니 속에 뭐가 있는지
그것이 중요합니다

이웃사촌

가녀린 손끝으로 어루만지고
여린 마음으로 바라보는 눈빛
어느새 촉촉하게 젖어 든다

힐끔거리는 강아지 꼬리를 감추고
분위기 파악에 나선다

머리 손질 못 하고 아무렇게 끈을 동여매고
열 일 마다하고 달려온 이웃집 아줌마
바라보는 눈길들이 걱정이 진심으로
느껴진다

문지방이 닳도록 왔다 갔다 하는 마실꾼들이
다 집합하고 그때서야 병원 간다

일하다 삐끗하여 낙상하니 동네 아줌마들
비상 연락망 가동하여 서로 걱정하고 다독여주는
시골 마을의 따뜻한 정 순수한 마음이
따뜻한 온기로 가슴으로 전해온다

아파요

시속 60으로 달리는 인생길
녹슬기 전에 기름칠하고
표면에 왁스 칠

심장 쪽에 펌프질하고 엔진오일 새것 집어넣고
삐죽삐죽 샛길로 빠진 힘줄
이번 기회에 고속도로 관통하자

다리 무겁고 장딴지 아픈 것
운동화 탓으로 돌렸으니
운동화만 수십 켤레

내 몸 하나 간수 못 하고 아프다 하면
처자식 고생시키고 못 할 짓인걸

내 조금 가진 거 있을 때 손 보자
시술 날짜 잡아놓고
은근슬쩍 겁이 나는 건 왜

하지정맥류 기다려라
고속도로 관통하자

그대여

파란 하늘가에 솜털 구름이
뭉게뭉게 올라오고
스멀스멀 피어오르는 아지랑이 사이로
물잠자리 실잠자리 고추잠자리
연이어 날아다닌다

가을이란 글자에
그대라 칭한다

그대여
낭만과 향기가 가득하여라
그대가 있으니 추억을 논하고
인생을 논하게 되었고
쓸쓸함과 외로움이 가슴을 먹먹하게 만들 수
있다는 걸 알게 되었고

그대이기 때문에
명실공히 남자들의 계절이라 정하고
가을이라고 말할 수 있게 해주고
단풍과 낙엽을 만들어 주고 추억을 안겨준
구르몽의 시향을 알게 해주고

낙엽 밟는 소리를 듣게 해주고 기쁨을 준
그대가 있어서 너무 행복하다오

또 다른 자식들

곯아떨어진 큰 녀석을 앉혀놓고
한없이 투덜거린다
아는지 모르는지 코를 골면서
거친 숨을 몰아쉰다

뙤약볕에 앉아서
둘째 놈 새근새근 잠든 모습에
조심히 다가가 코끝을 건드린다
짓궂은 장난에 도리질한다

귀여운 내 새끼들
너희가 있음에 내가 행복하다
어설프게 들어와 식구 되어
짧은 시간 긴 정이 들어
출퇴근길 눈도장에 입맞춤까지
귀여운 내 강아지

그래 우리 곁에서
오래오래 살아만 다오
귀여운 내 새끼들

4부

늙는다는 것

주름과 검버섯은
늙어가는 것이 아니고

세월이 길고 짧은
연륜의 계급장일 뿐

고쳐본들
시간을 되돌려 올 수 없는 것을

나이는 숫자에 불과하니
내 몸 성할 때
마음껏 즐겨라

변덕이 죽 쑤듯
입맛이 이랬다가 저랬다

늙어서
입맛을 잃은 것이 아니라

외로워서
음식을 안 해 먹기 때문이다

세월은

흐르는 것이 아니라

천천히 가면서 당기는 것이다

덧없는 세월

잃어버린 나날들
흘러버린 내 청춘

흩어진 얼굴들이
스멀스멀 피어오르고

물어보고 찾아가고
연락하면 될 것을

사는 게 뭣이라고
잃어버리고 묻어두고 살았건만

어느새 눈가에 주름이 늘고
거울 앞에 내 모습은
볼품없는 노인이 되어 있고

내 청춘 가져간 세월은
무심한 듯 말이 없구나

망 개떡

멥쌀가루 치대어
반달 모양으로 빚어

맨몸이 수줍어
청미래덩굴잎으로

누가 볼세라
두 겹 싸서 감추고

하얀 얼굴
살짝 내밀어
윤기 나는 얼굴 뽐내고

잘 짜인 포장에
차곡차곡 쌓여
어느 부잣집으로 팔려 가나

질긴 인연

갈 수 없는 길이었기에
후회가 되는 건가요

모질기만 하던 질긴 인연
그 끈을 쉽게 놓을 수가 없네요

길가엔 노랑 은행잎이 바닥에 물들이고
흐트러진 단풍들이 바람에 날리어
그림을 그려봅니다

가녀린 나뭇가지 똑똑 부러지고
앙상하게 남아있는 찢겨나간 잎사귀
가을이란 계절 속에
농익은 붉은빛에 온갖 색들이
바닥을 물들이고

어디선가
바람결에 들려오는
옛 임의 속삭임이
떨구지 못한 인연 때문에
가던 발걸음을 또 멈추게 합니다

간섭

사랑하는 사람
좋아하는 사람
사랑 좀 실컷 하게 해주지
왜 말려서 왜 헤어지게 했느냐고요

하고 싶은 거 다 하게 해주시지
왜 못 하게 하셨냐고요
지금껏 후회하고

아쉬움으로 얼룩진 그 속을
어떻게 치유하려고요

제발요 저기요
귀 기울여줘요

하고 싶은 거 하게
내버려 둬요
후회되지 않게 말입니다

가을 편지

가을이면 생각나는 사람
가을에 띄우는 손 편지

따뜻하고 멋스러운 편지지에
한자 두자 적어 본다

빼곡히 수놓은 글씨체
예쁘게 써 내려간 가을 이야기

문득문득 생각나고
가을이면 더더욱
보고 싶은 사람

보내는 사람 설렘으로
봉투에 담아 띄어서 보낸다

도착할 때까지
마음이 쿵쿵거린다

가을 흔적

파란 하늘
구름 한 점 없이
맑아서 좋다

길가에 널브러진 낙엽들이
나뭇가지에 얽혀
이별을 아쉬워하네

이별이 아닌
또 다른 계절을 위해
나뭇가지와 이파리는
그렇게 이별을 한다

가을은 쓸쓸하고
외롭고 슬픈 계절이다
왠지 가을을 타는 사람들이 많다

긴긴밤을 보내며
사랑을 갈구하는 청춘들
그들에겐 이별이 아닌 사랑으로
가을을 적셔본다

낙엽이 지겠지

한잎 두잎
떨어진다

한잎 두잎
펄럭일 때마다
추억이 떠오른다

가는 세월을
어찌 잡을 수 있겠는가

따스한 커피가
마를 때까지

멀어진 기억 속에
머물고 싶다

머나먼 기억 속으로
추억 속으로
나는 깊이 빠져버린다

이 시간이 지나면

또 멀어지겠지,
아쉬워하네

사랑에 빠졌나 봐요

잔잔한 가슴을 멍들게 하고
사랑했던 사람이 떠나가고
허접한 마음이 파고들어 심장이
물결치듯 너울거립니다

더는 사랑 안 한다
누굴 사랑할 수 없었기에
모르고 살았건만

오늘은 왜 이럴까요
온몸이 자석에 붙은 것처럼
심장이 두근거려 나도 모르게
양볼이 빨개졌네요

멋진 모습 아름다운 자태
환한 미소 다정한 말투
모든 게 다 좋아요

아마도 저
사랑에 빠졌나 봐요

네가 있으매

네가 있으매
웃음소리를 찾았고

네가 있으매
감동이란 걸 느꼈다

네가 있으매
기쁨이란 걸 알았고

네가 있으매
가족의 소중함을 느꼈다

네가 있기에
모든 것이 참 좋다

못다 한 꿈

하늘엔 먹구름이 두둥실
수평선엔 붉은 노을이 드리우고
잔잔한 파도가 일렁이며 투정 부리듯
모래 마당에 박힌 돌멩이를 툭툭 쳐대고

차 안에서 들려오는
모차르트의 피아노 소나타 8번의 교향곡이
견디기 슬픈 음률로 다가와
가슴속을 휘젓는다

젊디젊은 영혼들
이승에서 미처 피우지 못한 꿈들이
저 하늘 위에선 이루게 될지
천국에서는 모두 행복한 모습으로
잘 적응하는지 편하게 영면하길

달콤한 휴가

서해안의 명소
아름다운 섬
원산도와 안면도를 어우르고
꽃지해수욕장의 모래 마당
보드라운 모래 결에
아름다운 수평선엔
사랑이 무르익고
붉은 노을이
바다 위에 드리우고
젊은 청춘의 캠핑카에
은은하게 조명이 비추고
백사장의 온기가 가득 차고
그 모든 불빛이
하나하나 제 색깔을 찾아
밤하늘에 수를 놓는다

가끔 들려오는 파도 소리
밤바다에 여운을 남긴다

사람이란

사람에겐
정해진 시간이 있습니다
정해진 시간에 살아가는 방법도
가르쳐 줍니다

사람에겐
정해진 짝도 채워줍니다
사랑할 수 있을 때
후회 없이 하도록
방법도 가르쳐 줍니다

사람에겐
삶을 기쁘게 해주기도 합니다
희망과 용기도 가르쳐 줍니다
삶을 행복하기 위해서
가족이란 것도 만들어 줍니다

살아가는데 힘들고
어려운 일도 많을 겁니다
그 힘든 걸 이기라고
희망과 용기를 줍니다

거기에 보너스로
칭찬과 미소를 줍니다
칭찬과 미소를 알고 느끼면
두려움은 없어지고 사랑을 느끼게 됩니다

보고 싶다

어스름한 저녁 길
노을빛으로 물든 하늘가에
어디선가 날라 온 갈매기 날갯짓으로
안면도의 밤은 깊어간다

벤치에 앉아있는 청춘의 밤은
언제 끝날 줄 모르건만
우리들의 힘든 여정의 끝은
시들기만 하는구나

창틈으로 보이는 해수욕의 밤
수평선 위로 보이는 달빛
오늘따라 유달리 커 보이는 둥근 달
아련하게 떠오르는 아버지의 얼굴

먼 곳을 지긋이 바라보는 어머님
무엇을 생각하시는지
바라보는 나 자신도 애가 탄다
혹여 나와 같은 생각은 아닌지

폼나게 살 거야

툴툴거리지 말고
짜증 내지 말고
있는 그대로 그렇게

슬퍼도 마세요
잔 눈물 흘리지 마세요
떨어지는 빗소리마저 흉보니까요

입가에 팔자 주름 나도록
웃음 띤 얼굴로 그냥 그렇게

보이는 건 아름답고 귀하게
말하고 보는 건 예쁘게
그렇게 사랑하며 살자고

외출할 땐 멋지게
머리하고 멋진 슈트에 잘 다린 바지
멋진 차에 진한 라벤더 향수 뿌리고

오늘도 폼나게 길을 나선다

그 시절

새벽 교회의 종소리가
아름다운 시골의
긴 밤의 여정을 깨워줍니다

갑자기 먹먹합니다
멀리멀리 흠흠 거리고
흘기듯 쳐다봅니다

아무 말 없이 침묵으로 일관하던 나에게
자연은 기쁨과 인내의 두 글자에
소중함을 가르쳐준 스승이었기에
질펀한 논두렁에 걸터앉아

새참 먹던 그 시절 막걸리에 짠지
왜 이다지도 그리운지 그립습니다

시골의 날짐승마저 날 반겨줍니다

생각나는 사람

소심한 나였기에
스쳐 지나가는 인연인 줄

그런 사람이기에
그때는 그랬으리라
흐지부지한 인연

왜 그랬는지
모질기만 했던 그때 그 모습

나 혼자 생각하고 느끼고
혼자 애가 타 조마조마

그래도 생각나는 사람
생각만 해도 미소가 번진다

갯마을 사람들

갯바위에 앉아서 생굴 따먹고
게 구멍 속에 농게 기어 다닐 때
망둥이들 배 깔고 갯벌에 뒹굴고

밀물 썰물 교차하여
만조가 될 적엔
수평선 위엔 노을이 지면서
철새들이 찾아들고

간조가 되면
햇살에 비친 갯벌 끝이
은빛으로 어우러져 황홀하게 다가와
심장을 자극한다

동네 아줌마들 짝을 지어
아무도 손대지 않은 갯벌에 들어가
게 구멍에 소금 뿌려 맛조개 뽑아내고
호미질에 조개 주워 하하 호호 노래 장단에
시간 가는 줄 모른다

저녁 되면

동네 청년들 랜턴 들고
삼삼오오 해루질에 낙지 물고기들
온갖 양식들이 풍성하게
밥상 위에 올라온다

오늘도 어김없이 고깃배에 힘차게 모터 달고
저 수평선 끝으로 힘차게 나아간다

이것이 사람 사는 맛 아니던가

겨울비는 내리고

기왓장에 떨어진
영롱한 누드 빛 구슬

장독대에 똑똑 맺힌
물고기 없는 수조

알알이 맺힌
한 많은 가을비는 떠나가고

추위를 안고
말없이 찾아오는 또 다른 빗물

나도 모르게
콧물이 흐르고 두꺼운 코트를 껴입는다

길가엔
앙상한 가지들마저
힘겹게 부여잡고

힘없는
잔가지들 빗물에 씻겨 내렸고

하늘에서 내려오는
하얀 눈을 맞으려 준비하고

한꺼번에 하늘에서
흰송이들이 무작위로 내려올 때

환한 빛을 내고자
축복을 주고 싶어 겨울비는 쉼 없이 내린다

| 해설 |

모든 존재를 향해 넘쳐 흐르는, '뜨거운 방백'

신원석(시인·문학평론가)

 아리스토텔레스는 『시학』에서 시詩가 발생하게 된 연유를 인간의 '모방 본능'에서 찾은 바 있다. 그의 말처럼 시의 본질이 우리의 삶을 모방해 좀 더 나은 삶으로의 진입을 꿈꾸는 것이라면 시는 오히려 연극에 가까워 보인다. 그런 점에서 시집 한 권은 연극에서 인물들이 살아 움직이는 무대와 같다. 시 속에 등장하는 다양한 인물들은 무대 위에서 울고 웃는 배우가 되고, 한 편의 시를 통해 그들의 삶을 들여다보는 우리는 객석에 앉아 있는 관객이 된다.
 연극에서의 '독백'이란 상대역이 없는 무대에서 등장인물이 혼자서 말하는 대사를 일컫는 말이다. 반면, 등장인물이 하는 대사가 청중(관객)에게는 들리지만 무대 위의 다른 배우에게는 들리지 않는 대사를 '독백'과 구분하여 '방백'이라고 부른다. 특히, '방백'은 무대 위 다른 배우들에게는 들리지 않고, 관객에게만 들린다는 연극적 약속을 통해 관객과 인물의 거리를 한층 가깝게 한다. 관객은 배우의 방백을 들으면서, 등장인물의 내면에 깔려 있는 그의 생각과 감정을 더 잘 이해하게 되고, 그러면서 사건의

뚜렷한 윤곽을 감지하게 되는 것이다.

  황정환 시인의 시편들이 들려주는 이야기는 '독백'보다는 '방백'에 가깝게 느껴진다. 그의 시들을 읽고 있으면 아름다운 자연과 정겨운 고향이 펼쳐진 무대 위에서 그가 우리에게만 들려주고자 하는 비밀 이야기가 있는 것 같다. 때로는 투박하고 거칠기도 한 그의 목소리가 아름다운 '방백'으로 들리는 이유는 시인이 이미 '사랑'에 깊이 물들어 있는 까닭이다. 황정환 시인의 시집『폼 나게 살 거야』는 우리와 함께 살아가고 있는 모든 존재들에 대한 시인의 뜨거운 사랑이 펼쳐지는 그의 두 번째 무대이다.

    울 마누라
    비 오는데 육전하고
    갈치 구워서 먹자 하네요
    불판에 올려놓은 생선 보니

    울 엄마가
    생각나네요

    몸통은 자식들 주고
    머리하고 꼬리가
    맛있다며 잡수시던 어머니

    맨밥에 물 말아 드시고
    가족들이 먹고 난 뒤
    아깝다며 잡수시던 어머니

    벌써
    세월이 흘러
    큰딸이 육순을 바라봅니다

좋은데도 많이 가고
맛있는 것도 먹으러 가야 할 텐데

언제부턴가
힘이 없다 어지럽다
너희들끼리 놀아라
하신 말씀에 눈물이 핑 돕니다

우리에겐 아직도
호통치고 혼내면서
따뜻한 온기로 안아주시던
보살핌이 기억납니다
  　　　　　　　　－「울 엄마가 생각나네요」 전문

 '무상無常'이란 단어는 인생의 덧없음을 표현하는 말로 주로 사용되지만, 늘 변하게 마련인 물질세계를 가리키는 지극히 물리적이고 과학적인 언어이기도 하다. '무상'을 '허무'가 아닌 존재의 원리로 이해하고 수용할 때, 우리는 우리의 삶 속에서 '무상'이 지니는 의미를 진실하게 이해할 수 있다. 매 순간 변한다는 것은 지금 이 순간이 처음이자 마지막이라는 사실이고, 우리는 그러한 사실을 알기에 모든 존재를 더욱 아끼고 소중히 할 수밖에 없는 것이다.
 중국 오나라 때 '육적'이라는 효자가 대접받은 '귤'을 어머니께 가져다 드리고 싶어 먹는 시늉만 하고 몰래 자신의 품속에 감추었다는 이야기는 이미 많은 이들에게 익숙한 고사이다. 어머니를 떠오르게 한 것이 육적에게 '감'이었다면, 황정환 시인에게는 아내가 불판 위 올린 한 마리의 '갈치'다. 이 시 속 '갈치'는 어머니라는 존재를 연상하게 하면서 한편으로는 어머니의 고된 세월을 반짝이는 이미지로 환기한다. '갈치'를 떠올리면 무엇보다 눈부신 은빛 비늘이 떠오르는데 그 '은빛'이라는 색채는 눈부시게 아름다우면서도 한편으로는 아련하고 슬프다. '몸통'은 모두 자식들 숟가락 위에 올려 주고, '머리'와 '꼬리'만 잡수시던 '어머니'. '맨밥'에 '물'을 말아 드시다가 가족들이 떠난 밥상에 홀로 남아 남은 반찬으로 밥을 삼켰을 어머니는 시인에겐 너무나 슬픈 '은빛'이었을 것이다.

 이제는 기력이 쇠한 어머니. 그런 어머니를 바라보는 자식의 마음이 아프지 않을 리 없다. 되돌릴 수 없는 시간 앞에서 시인이 할 수 있는 일이란 것은 젊은 시절의 어머니와 그에게서 받았던 커다란 사랑을 '기억'하는 것뿐이다. 어머니를 아프게 바라보면서, 다시 어린 시절로 돌아가 밤새도록 호되게 야단맞고 싶은 자식의 아련한 마음이 읽는 이의 가슴을 울린다.

   어스름한 저녁 길
   노을빛으로 물든 하늘가에
   어디선가 날라 온 갈매기 날갯짓으로
   안면도의 밤은 깊어간다

   벤치에 앉아있는 청춘의 밤은
   언제 끝날 줄 모르건만
   우리들의 힘든 여정의 끝은
   시들기만 하는구나

   창틈으로 보이는 해수욕의 밤
   수평선 위로 보이는 달빛
   오늘따라 유달리 커 보이는 둥근 달
   아련하게 떠오르는 아버지의 얼굴

   먼 곳을 지긋이 바라보는 어머님

무엇을 생각하시는지
바라보는 나 자신도 애가 탄다
혹여 나와 같은 생각은 아닌지

-「보고 싶다」전문

  시인 유치환은 『나는 고독하지 않다』에서 "사람이 느끼는 상념이란 반드시 어떤 사상事象과 맞부딪침으로 촉발되기 마련"이라고 말한 바 있다. 이 시에서 시인이 느끼는 상념은 '초조한 마음'을 뜻하는 '애'에 집약되어 있고, 이러한 상념을 불러일으키는 대상들 속에 시인은 꽁꽁 포위당해 있다. '어머님'과 함께 '어스름한 저녁', '노을빛' 아래를 거닐던 시인은 '갈매기'들의 '날갯짓'을 바라보면서 아득한 '밤'을 맞이한다. '청춘'의 밤은 여전히 뜨겁고, 힘겨운 삶의 '여정'은 끝이 없다. 삶에 대한 상념에 빠진 시인의 시선은 '안면도'의 수평선을 가득 채운 '달빛'을 따라 흐르다가 하늘에 떠 있는 '둥근 달' 앞에 멈추어 선다. '달'을 통해 문득 마주치고 만 '아버지'. 시인은 또다시 사무치는 그리움 속에 파묻히기 직전, 자기처럼 '먼 곳'을 응시하고 있는 '어머니'의 애타는 눈길을 만난다. 이 시에서 '달'은 아버지에 대한 시인의 그리움이 투영된 존재이면서도, 아버지를 그리워하는 시인의 마음과 어머니의 마음을 동일한 것으로 엮으면서 애상적인 시의 정조를 더욱 깊고 먹먹하게 만든다

젓갈 냄새 가득 나고
길가에 드럼통 널려 있고
어른들 새우젓 지게에 지고
상하차에 열중이고

동네 어른들 담벼락에
엽전 던지면서 돈 따먹고

동네잔치에 집돼지 잡아먹고
동네 아낙네 국수 말아서 나눠 먹고

양조장 막걸리에
노랫가락에 삼삼오오
막춤 파티에 웃음 가득

바닷가엔
고깃배들이 정착해 있고
광천 독배 명성에 맞게
뱃고동 소리 멋지게 날리면서
왔다 갔다 했었는데
지금은 그때 그 모습 어데 가고
새우젓 간판들만 수두룩

-「내 고향 독배」 전문

 잊고 살다가 문득 그리워져 다시 찾은 고향이 마음속에 그리던 고향이 아닐 때, 그 상실감은 이루 말할 수 없을 것이다. 잊고 살았어도, 고향은 여전히 고향으로 남아 있기 때문이다. 더 이상 실체는 없고 기억만이 남아 있는 곳. 고향과 함께 잃어버린 유년을 마주할 때, 그리움으로 부풀었던 우리의 마음은 깊은 상실감으로 무너져 내린다.

 황정환 시인의 고향은 충청남도 홍성군 광천읍에 있는 옹암리이다. 마을 뒷산에 독처럼 생긴 바위가 있는 까닭에 '독배'라는 이름으로 불리기도 한다. 토굴에서 새우를 숙성시킨 '토굴새우젓'으로 유명했던 시인의 고향은, 그러나 시인이 그리던 아름다운 고향이 아니다. 시인이 그리워했던 것은 비단, 고향의 자연 풍경만은 아니었을 것이다. 바닷바람에 밀려드는 '새우젓 냄새'는 시인에게 또 다른 어머니의 냄새였을까. '지게' 가득 새우젓을 실어 나르고, 나른한 오후엔 '엽전'을 던지며 투박한 정을 나누던 '어른들'의 모습은 유년기의 시인이 처음 마주한 아름다운 사람의 풍경이었다. '돼지'를 잡던 잔칫날의 흥성거리던 모습과 온몸으로 '막춤'을 추며 진심으로 기뻐하던 어른들의 얼굴을 기억하고 있는 시인에게 고향은 힘겨운 삶에 직접 몸을 부대끼면서도 건강하게 삶을 일구며 살아가던 사람들의, 진정 아름다운 곳이었을 것이다. 하지만 이제 고향은 바다로 나갈 배들의 힘찬 '뱃고동' 소리도 사라지고, 새우젓을 파는 가게들의 '간판'만이 즐비하다.

> 논두렁 길 염소 매고
> 들녘엔 누렁소 역어 매고
> 바다엔 망둥이 낚시에
> 갯벌에 호미와 구럭을 들고
> 황 발 이 농게 주꾸미 낙지 바지락 잡고
>
> 바다 끝 쪽 고즈넉한 염전
> 이쪽저쪽 왔다 갔다 나이 지긋한 노부부
> 무거운 소금 들었다 놨다
> 새하얀 소금 빛이 황금보다 귀하게 보인다
>
> 갓 쪽에 자리 잡은 조그만 섬
> 울퉁불퉁한 바위에
> 이곳저곳 박혀있는 굴 껍데기
> 쇠꼬챙이로 탁탁 때려
> 신선한 굴 입속에 툭 넣으니
> 짭조름한 바다 맛이 오묘하게
> 입속을 황홀하게 만든다
>
> ―「내 고향」 전문

하지만 시인은 여전히 고향의 아름다운 흔적들을 찾는다. 변해 버렸지만 여전히 존재하는 것들이 '고향'에는 있기 때문이다. 푸른 논과 들녘, 길가에 '염소'와 '누렁소'의 정겨운 울음소리, 여전히 물속을 헤엄치고 있을 망둥이와 바닷가에 걸려 있는 낚싯대들. 인간의 속도를 따르지 않고, 제 속도를 유지하며 유유히 흘러가는 자연의 시간은 시인에게 큰 위로가 되어 준다. 변하지 않고 남아 있는 것들이 있다는 것은 잃어버렸던 자신을 다시 찾을 수 있는 가능성을 내포하고 있다. '갯벌'에 허리를 숙인 채 생물을 잡는 겸손한 마을 사람들, 그리고 오랜 세월 동안 장화를 신고 수없이 염전을 오고갔을 노부부의 모습이 그런 것들이다. 여전히 '새하얀' 소금의 빛깔이 '황금'보다 더욱 귀하게 보이는 이유 또한 그 때문이다.

  시인은 어릴 적처럼 '쇠꼬챙이' 하나를 들고 '울퉁불퉁한 바위'를 오르내리며 익숙하게 '굴'을 잡아먹는다. '짭조름한 바다 맛'이 '입속'을 황홀하게 만든다는 표현은 시인이 마침내 어린 시절의 자신으로 돌아와 있음을 의미하며, 마침내 자신과 대면하게 된 그 순간의 뭉클함을 감각적으로 제시해 준다. 비단 '맛'은 음식에 대한 감각만을 의미하지 않는다. 어떤 사물이나 현상에 대하여 특정한 기분을 느꼈을 때에도 우리는 '맛'이라는 단어를 자주 사용한다. 삶에는 '단맛'도 있고 '쓴맛'도 있고, 때로는 '죽을 맛'이다가도 때로는 '살맛' 나기도 한다면서⋯⋯. 그러므로 시인이 입 안에 들인 '굴'과 그로 인해 시인을 황홀하게 만든 '바다 맛'도 비단 음식으로서의 맛이 아닌, 삶에서 오랜만에 다시 만난 '귀한 맛'인 것이다. 섬의 모습은 계절마다 다르고, 섬을 지키는 사람보다 떠난 사람들이 많은 고향이지만, 시인은 한결같이 출렁이는 바다를 보며 서 있다. 그도 오늘만큼은 세월이 지워진 여린 발목을 바다에 담근 채 어린아이처럼 바다 위를 거닐어 보았을 것이다.

잔잔한 가슴을 멍들게 하고
사랑했던 사람이 떠나가고
허접한 마음이 파고들어 심장이
물결치듯 너울거립니다

더는 사랑 안 한다
누굴 사랑할 수 없었기에
모르고 살았건만

오늘은 왜 이럴까요
온몸이 자석에 붙은 것처럼
심장이 두근거려 나도 모르게
양볼이 빨개졌네요

멋진 모습 아름다운 자태
환한 미소 다정한 말투
모든 게 다 좋아요

아마도 저
사랑에 빠졌나 봐요

－「사랑에 빠졌나 봐요」 전문

  천진난만한 소년이었던 시인에게는 아름다웠던 기억도, 아팠던 추억도 모두 수줍은 한 편의 '낭만'이 되는 모양이다. 아마도 시인이 잊지 못하는 대상은 '살짝 웃을 때', '덧니'가 드러나는 예쁜 '소녀'인 것으로 보이지만(「덧니가 예쁜 그녀(회상回想)」), 시인에게는 사랑했던 사람뿐만이 아니라 이 세상 모두가 연인인 듯하다.

우리는 우리가 잊을 수 없는 순간을 만났을 때, 물결처럼 일렁이거나 거센 파도처럼 요동쳤던 자신의 모습을 기억한다. 달의 힘에 이끌려 높아졌다 낮아졌다 하는 조수潮水처럼 우리는 사랑하는 이로부터 부풀어 오르는 밀물이 되기도 했다가 쓸쓸히 빠져나가는 썰물이 되기도 한다.

 썰물이 빠져나가고 남은 쓸쓸한 펄. 그러한 시인의 '마음' 속에 또 한 번 '심장'이 '물결'처럼 너울거린다. 저녁에 빠져나간 바닷물이 다시 밀려드는 아침처럼 '모든 게 다' 완벽한 그 사람 앞에서 시인의 사랑은 다시 시작되고 있는 것이다. 달이 이끄는 대로 몸을 맡기는 바닷물. 온몸이 '자석'이 되어 저절로 끌려가게 만드는 사랑의 힘은 그야말로 불가항력이고, 다시는 '사랑' 안 하겠다 다짐했던 시인은 그의 '환한 미소'와 '다정한 말투' 앞에서 그만 투항하고 만다. '저 사랑에 빠졌나 봐요'라는 행복한 고백과 함께.

> 아침에 피어나고
> 저녁에 지고
>
> 담벼락 틈새 속에
> 삐죽거리던 파랑이들
> 모진 비바람에 잘도 참았구나
>
> 아침엔 아침의 영광
> 저녁엔 허무한 사랑 덧없는 사랑
>
> 너에게 붙여진 꽃말들이
> 하루에 반은 행복
> 나머지 반은 헤어짐이기에
> 너의 심장은 쓰리고 아리고 아프고

> 어느샌가
> 햇살이 떠오르고
> 활짝 웃는 너의 모습이
> 그림 같은 모습으로 다가올 때,
> 나도 모르게 피식
>
> – 「나팔꽃」 전문

 작고 미세한 것조차 그냥 지나치는 법이 없는 시인은 '담벼락 틈새'에서 '나팔꽃'을 발견해 낸다. 시인이 그동안 이 세상에 존재하는 것들에 대해 어떤 태도를 취해 왔는지는 '삐죽거리던 파랑이들'이라는 표현에서 여실히 드러난다. 존재에 대한 관심이 없이는 깊은 애정이 불가능하고, 깊은 애정 없이는 어떤 시도 탄생할 수 없다. '나팔꽃'이 그동안 견뎌 냈을 '모진 비바람'을 읽어 내고, '아침'에 피고 '저녁'에 지는 나팔꽃의 생태를 통해 우리 생의 숱하게 반복되는 '사랑'과 '헤어짐'을 관조해 내는 시인의 감식안鑑識眼은 그러한 애정이 아니고서는 불가능하다.

 만나면 '행복'하고, '헤어짐'은 다시 '쓰리고, 아리고, 아프'지만 시인은 만남과 이별의 반복이 우리 삶의 참모습이라는 것을 알고 있다. '허무한 사랑'을 위해 매일 아침 '햇살'과 함께 다시 '활짝' 피어나는 '나팔꽃'의 모습은 헤어져야 하기 때문에 더욱 뜨겁게 사랑하는 시인의 모습과 닮아 있고, '나팔꽃'으로부터 그런 자신의 모습을 발견한 시인은 자기도 모르게 '피식' 웃는다.

 이쯤 되면, 시인이 '사랑'에 깊이 물들어 있다는 것은 자명해 보인다. 그는 사랑하는 이를 위해 '서툴고 험난한 밥상'을 차려 주고, '태어나줘서 고맙소'라며 거침없이 사랑을 표현하는 사람이다(「서툴고 험난한 밥상」). 세상의 모든 존재를 연민의 마음으로 바라보는 그의 그렁그렁한 눈이야말로 이토록 뜨겁게 넘쳐흐르는 사랑의 원천이다.

황정환 시인은 시집이라는 무대 위에서 열연하는 주인공이자 열정적인 연출가다. 무대 위에는 '고기 굽는 냄새'를 맡고, '코를 씰룩거리며' 그 앞에서 입을 '날름'거리는 주책없는 아저씨도 있고(「고기 굽는 날」), 밤새 '딸'을 생각하며 '실컷' 울어 버리는 '딸바보' 아버지도 있다(「딸 바보」). '소녀' 앞에서 빨개진 '얼굴'로 애꿎은 땅바닥만 '툭툭' 차는 수줍은 소년도 등장하고(「소싯적 연애」), 모든 인간은 '떠날 때 혼자 죽는다'고 말하는 냉철한 철학자도 열연을 펼친다(「삶과 죽음」).

　아리스토텔레스가 강조했듯이 시는 사실을 이야기하는 것이 아니기 때문에 더욱 가치 있다. 이 시집 속에서 '방백'으로 들려주는 시인의 이야기는 시인이 시적 상상력을 통해 창조해 낸 가능성의 세계이며, 논리적으로 짜인 한 편의 개연성 있는 서사의 세계이다. 연극에서 관객은 무대를 보며 우리가 살고 있는 현실을 떠올리고, 배우이자 연출가인 시인은 그가 살아온 현실을 펼쳐 보이며 우리와 함께 피안彼岸을 꿈꾼다. 한 편의 연극 같은 그의 시집이 많은 관객을 만났으면 좋겠다. 그의 시를 읽으며 아름다운 꿈을 꾸다 보면 어느새 쏟아지는 갈채 속에서 우리는 함께 서 있을 것이다.

그림과책 시선 283

폼나게 살 거야

초판 1쇄 발행일 _ 2023년 5월 22일

지은이 _ 황정환
펴낸이 _ 손근호

펴낸곳 _ 도서출판 그림과책
출판등록 2003년 5월 12일 제300-2003-87호

03924 서울특별시 마포구 월드컵북로54길 17 821호
　　　(상암동, 사보이시티디엠씨)
　　　도서출판 그림과책
전화 (02)720-9875, 2987 _ 팩스 (02)720-4389
도서출판 그림과책 homepage _ www.sisamundan.co.kr
후원 _ 월간 시사문단(www.sisamundan.co.kr)
E-mail _ munhak@sisamundan.co.kr

ISBN 979-11-90411-90-5(03810)

값 12,000원

이 책의 판권은 지은이와 그림과책에 있습니다.
잘못된 책은 교환해 드립니다.